BEI GRIN MACHT SICH IHR WISSEN BEZAHLT

- Wir veröffentlichen Ihre Hausarbeit,
  Bachelor- und Masterarbeit

- Ihr eigenes eBook und Buch -
  weltweit in allen wichtigen Shops

- Verdienen Sie an jedem Verkauf

Jetzt bei www.GRIN.com hochladen
und kostenlos publizieren

Sabine Picout

Friedrich Torberg: Der Schüler Gerber hat absolviert

Werk, Inhalt / Zusammenfassung und Biographie

GRIN Verlag

Bibliografische Information der Deutschen Nationalbibliothek:

Die Deutsche Bibliothek verzeichnet diese Publikation in der Deutschen National-
bibliografie; detaillierte bibliografische Daten sind im Internet über http://dnb.d-
nb.de/ abrufbar.

Impressum:

Copyright © 2001 GRIN Verlag GmbH
Druck und Bindung: Books on Demand GmbH, Norderstedt Germany
ISBN: 978-3-656-09898-0

Dieses Buch bei GRIN:

http://www.grin.com/de/e-book/185068/friedrich-torberg-der-schueler-gerber-hat-
absolviert

GRIN - Your knowledge has value

Der GRIN Verlag publiziert seit 1998 wissenschaftliche Arbeiten von Studenten, Hochschullehrern und anderen Akademikern als eBook und gedrucktes Buch. Die Verlagswebsite www.grin.com ist die ideale Plattform zur Veröffentlichung von Hausarbeiten, Abschlussarbeiten, wissenschaftlichen Aufsätzen, Dissertationen und Fachbüchern.

Besuchen Sie uns im Internet:

http://www.grin.com/

http://www.facebook.com/grincom

http://www.twitter.com/grin_com

Friedrich Torberg

„Der Schüler Gerber hat absolviert"

- Das Werk „Der Schüler Gerber
  hat absolviert"
- Inhalt und Biographie

Torberg: Der Schüler Gerber:

I)   Biographie
II) Inhaltsangabe

III) Interpretation:
A) Entstehungsgeschichte:
1) Wann wurde der Roman veröffentlicht?
Im Jahre 1930 als Erstlingsroman. Torberg war 22 Jahre alt.

2) Wie wurde der Roman aufgenommen?
Er stieß auf kräftige Resonanz (3 Auflagen) und lobende Worte von Kurt
Tucholsky und Robert Musil.

3) Woraus stammt der Stoff zum Roman?
der Stoff zum Roman stammt aus dem eigenen Leben von Torberg.
a) Wie war die Schulsituation nach dem I. WK?
In Wien hatte nach dem I.WK die „Glöckel'sche Schulreform" eingesetzt, die
sich zunächst durch die Schaffung von Schülerräten auswirkte, die dem
Lehrkörper gegenüber die Interessen der Schüler zu vertreten hatten.

b) Welche Funktion hatte Torberg in der Schule?
Er wurde zum Klassensprecher gewählt und versuchte Aktivitäten zu entfalten,
die sich oft wegen der Angst der Schüler vor den Lehrern nicht durchsetzten
oder von den Lehrern abgeblockt wurden. In seinen letzten Mittelschuljahren
wuchs Torbergs Unwille gegen die Ungerechtigkeiten der Lehrer und die
Unterwürfigkeit der Schüler.

c) Wie war die Schulsituation in Prag?
In Prag herrschten noch rückständigere Verhältnisse als in Wien. Von einer
Schulreform war nicht die Rede. Es herrschte noch das alte, autoritäre
Schulsystem auch den Zeiten der untergegangenen K&K Monarchie.

d) Wie drückte sich dieses alte Schulsystem aus?
Die Professoren ergingen sich in Willkürakten, die in Wien nicht mehr möglich
gewesen wären. Sie protegierten ihre Lieblingsschüler unverhohlen und
benachteiligten diejenigen, die ihnen nicht zu Gesicht standen.
Die Schüler leisteten dagegen keinen Widerstand, weil sie keinen
Widerstandsgeist hatten und die Ungerechtigkeiten der Professoren als eine
Selbstverständlichkeit hinnahmen. Dieser Zustand aus Prag wirkte auf Torberg
empörend und da er in Wien die Möglichkeit hatte als Sprecher des Schülerrates
in seiner Klasse tätig zu sein, sagte er auf eigene Faust dieser Ungerechtigkeit
den Kampf an.

e) Wie kämpft Torberg gegen diesen Zustand?
Er bekämpft diesen Zustand literarisch, zeigt in kleinen Glossen die Missstände auf, verarbeitet sie in Kurzgeschichten und in satirischen Epigrammen.

f) Welchen Trick benutzt er für seine literarische Kritik?
Um sich nicht einer Bestrafung durch die Schule auszusetzen, um auch im Bedarfsfall die Autorenschaft nachweisen zu können, bildet er aus seinem bürgerlichen Namen Kantor und dem Namen seines Großvaters mütterlicherseits Berg das Pseudonym Torberg. Der Erfolg des Romans „Der Schüler Gerber" bewog ihn das Pseudonym zu seinem bürgerlichen Namen zu machen.

g) Wann fasste Torberg den Entschluss den Roman zu schreiben?
Im Jahre 1928 im Jahr der Reifeprüfung, nachdem die Reifeprüfungskommission des Smichover Realgymnasiums ihn für durchgefallen gegeben hatte und auf ein Jahr reprobiert hatte.

h) Warum schrieb Torberg seinen Roman?
Weil sich in ihm so viel Zorn und Empörung angesammelt hatte, dass er ihn einfach schreiben musste.

i) Welchen wichtigen Unterschied gibt es zwischen Torberg und den anderen Autoren, die Schulromane geschrieben haben?
Vergleichen wir Torberg mit Hesse, Musil, Mann, dann stellt man fest, dass Torbergs Roman noch begonnen wurde auf der Schulbank (es liegt also keine Distanz zwischen Torberg und der Schule), bei den anderen Autoren aber wurden die Romane von Erwachsenen geschrieben, die die Schule schon hinter sich hatten.

j) Welches Gefühl liegt als Ursache für den Roman?
Der Hass war der Antrieb für diesen Roman. Torberg hasste die Schule, hasste ihren Zwang und wollte diesem Zwang zu Leibe rücken, solange sein Hass noch lebendig war. Obwohl die Niederschrift des Romans mit einigen Unterbrechungen insgesamt 2 Jahre in Anspruch nahm, steigerte sich Torberg sogar als er währenddessen durch Wiener und Prager Zeitungsnotizen nicht weniger als zehn Schülerselbstmorde zu seiner Kenntnis gelangten. (Zwischen dem 27. Jänner bis zum 3. Februar 1929)

k) Welche waren die Ursachen dieser Selbstmorde?
Es waren die Prüfungsangst oder die Angst vor den Folgen einer nicht bestandenen Prüfung im Elternhaus, oder eine unglückliche Liebe. Diese Ursachen hatten damals viel mehr Gewicht als heute.

l) Welche Meinung hat Torberg über seinen Roman?

Zuerst hat ihm der Roman gut gefallen, später aber fand er den Roman an einigen Stellen zu schwulstig und pathetisch, an anderen Stellen zu wehleidig und er entdeckte einigen Fehler an der Schuldarstellung.

B) Die Handlung des Romans:

1) Was weißt du über die erzählte Zeit des Romans?
Sie reicht vom ersten Schultag in der achten Klasse bis zum Tag der mündlichen Maturaprüfungen.

2) Was wird in dem Roman gezeigt?
Kurt Gerber wird in seinem Verhältnis zu den Professoren, besonders zum Mathematik Professor Kupfer, zu den Mitschülern, zu seinen Eltern und zur früheren Klassenkameradin Lisa Berwald gezeigt.

3) Wie endet der Roman?
Der Roman endet mit Gerbers Selbstmord, der sich nachträglich als unbegründet herausstellt. Torberg fügt epilogisch eine Zeitungsnotiz an, aus der hervorgeht, der Schüler Gerber habe die Reifeprüfung bestanden. Während Kurt Gerber auf die Verkündigung der Prüfungsergebnisse wartet, läuft in ihm eine phantastische Fiebervision ab, in der das Leben vor ihm zur Reifeprüfung antritt und durchfällt.

4) Was bedeutet diese Fiebervision?
In dieser Fiebervision kehrt das Wort des Rabban Schimon ben Gamliel wieder, das Torberg als Motto seinem Roman vorangestellt hat: „Auf drei Dingen beruht die Welt: Auf Wahrheit, auf Gerechtigkeit und auf Liebe". Durch diese Fiebervision bleibt offen, ob Kurt Gerber nicht aus Enttäuschung und vergeblicher Auflehnung in jedem Fall mit seinem Leben Schluss gemacht hätte.

5) Gerbers Kampf:
a) Gegen den Vater:
Gerber steht in Opposition zu seinem Vater, den er liebt und respektiert, der ein Verfechter jener bürgerlichen Konventionen ist, für die eine bestandene Matura und der Erwerb eines akademischen Titels die Voraussetzungen für das gesellschaftliche Fortkommen darstellen. Torberg schildert den Druck, den das Elternhaus ausübt. Reif sein bedeutet, ein guter Schüler zu sein. Als Kurt mit seinem Halbjahreszeugnis (Mathematik 5, Darstellende Geometrie 5) nach Hause kommt, ringt der Vater nach einem Herzanfall mit dem Tode.

b) gegen die ehemalige Schulkollegin Lisa Berwald:
auch in der Beziehung zu ihr sieht sich Kurt an konventionelle Bindungen und Einengungen stoßen, gegen die er machtlos zu sein glaubt. (Bsp.??)

c) gegen die Schule mit Professoren und Mitschülern:

Den eigentlichen Zweifrontenkrieg führt er gegen die Schule. Die erste Front sind die Professoren, mit ihrer Selbstherrlichkeit, ihrer selbstgefälligen, unumschränkten, diktatorischen Verfügungsgewalt, ihrer Willkür und Ungerechtigkeit, die Kurts Gerechtigkeitssinn nicht ertragen kann. Die zweite Front sind die Mitschüler, die Kriecher und Streber, die lieber mit den Professoren gemeinsame Sache machen als mit den Kameraden, und die selbst dort auf Gegenwehr verzichten, wo sie mit ein wenig Solidarität etwas erreichen könnten.

d) das Ergebnis des Kampfes:
Kurt erkennt die Vergeblichkeit seiner Haltung und die Ursache dafür. Der Prof. Kupfer steht als einziger oben und sagt „wir" und unten sitzt jeder einzelne und sagt „ich". Torberg bedauert daher, dass die Schüler keine Gemeinschaft anstreben und /oder erreichen, damit sie gegen diese absolutistische Autorität/Macht des Lehrers vorgehen können.

6) Gerbers Vorlieben:
Kurt Gerber bevorzugt die humanistischen Fächer, die Sprachen (vor allem Deutsch), die Deutsche Literatur, Latein und Französisch, Geschichte und Philosophie.

7) Gerbers unbeliebte Fächer:
Mathematik, Physik und Chemie; besonders Mathematik, weil er damit nichts anzufangen weiß. Mathe ist noch dazu eine Wissenschaft, die an starre Formen gebunden ist, die der Phantasie keinen Spielraum lässt und daher ihm kalt und seelenlos zu sein scheint.

C) Aufbau des Romans:
Torberg teilt seinen Roman in 12 Kapitel, jedes erhält eine Überschrift. So gelingt es Torberg, das erzählte Geschehen in relativ geschlossene Erzählphasen zu gliedern.

D) Die Personen:
1) Kupfer:
Schon im ersten Kapitel schildert Torberg den Mathematikprof. Artur Kupfer, der von den Schülern Gott Kupfer genannt wird. Noch dazu die Freude des Lehrers aus den Ferien zurückzukehren, „weil er als Mensch unter Menschen gewandelt war und nicht als Gott unter Schülern". In der Schule ist sein Wort alles, Torberg gelingt es, aus Kupfer ein Sinnbild zu machen. Auf Gerber reut sich Kupfer besonders, weil er ihn ruinieren will. So entsteht in diesem ersten Kapitel das lebendige Bild dieses Tyrannen, der nicht nur in der Schule anzutreffen ist. Bei Kupfer sitzt jede Einzelheit, jedes Wort, jede Bewegung, jede Handlung /Geste. „ Er befal, und es wurde gehorcht. Er rief, und es wurde geantwortet. Er sprach: „Es werde Ruhe", und es ward Ruhe... ." Damit

erscheint Kupfer mit seiner Machtbefugnis und seiner Vollkommenheit wie ein Gott. Er hat es in der Hand, über Tod und Leben zu entscheiden.
Torberg meint mit Kupfer nicht nur den Tyrannen in der Schule, sondern auch viele andere Tyrannen in der deutschen Provinz.

2) Gerber:
Der 19jährige Schüler ist für Kupfer ein Feind, weil in dessen Seele Genie und Talent zögern, ob sie sich für Schilaufen oder Philosophie entscheiden sollten. Man ahnt die Begabung dieses jungen Menschen, ohne dass sie entwickelt ist, und gerade das ist für Kupfer eine Gefahr. (vgl. Mann)

3) Die Polarität zwischen Gott Kupfer und Kurt Gerber:
Es ist eine dreifache.
a) eine Polarität, die sich bereits in der Schulsituation ergibt (Bsp.?)
Bsp. Als Kupfer und Gerber lachen.
b) aus dem Gegensatz zwischen Lehrer und Schüler: die Nüchternheit und der Zynismus des Lehrers gegen die Sensibilität und die Selbstkritik des Schülers.
c) Das Kreativ- Schöpferische (und das Menschliche) am Schüler gegen das Destruktiv- Reproduzierende des Lehrers. (und das Unmenschliche und Despotische)

4) Die Klasse: die Schüler des letzten Jahrgangs am Realgymnasium XVI gleich 32 Oktavaner;
Die Klasse wird als Lebewesen beschrieben. Wir sitzen in einer dieser Bänke, wir kennen jeden einzelnen der Schüler, wir lieben einige der Professoren, wir fürchten andere, auch wie sie. (der Schriftsteller verwendet oft für die Masse die Anreden Du oder ihr.)Torbergs Zorn richtet sich auch gegen die kriecherischen Mitschüler Kurt Gerbers (wie z.B. Egon Schönthal genannt die Kröte).

5) Das Symbol des Zelters:
Es taucht am Ende des zweiten Kapitels zum ersten Mal auf. Das Symbol bezieht sich auf ein Pferd, das zuerst auf eine bestimmte Gangart abgerichtet werden muss (das im Kreis Herumreiten), das dann aber eine qualvolle Aufgabe vor sich hat (eine Strecke im Joch gehen), dann wird er frei sein und reitet zur Prinzessin. Das Symbol bezieht sich auch im österreichischen, vor allem im Schülerjargon auf einen Schüler, auf welchen es ein Lehrer gerade abgesehen hat (vgl. Die Schülerphrase : Er sitzt mir auf, wenn man einen Prof. meint, der einem nicht wohl gesonnen ist.)
Das Symbol des Zelters kommt im 5. Kapitel wieder, als der Zelter sich nicht aufrichten will und erst nur mit der Peitsche weitermachen kann.

6) Die Schule:

Nachdem die Zeit der Weihnachtsferien und des Schiurlaubs sorglos verflogen ist, holt die Schule Gerber wieder ein (mit der ersten Begegnung mit Lisa verbunden). Aus dem Menschen wird die Katalognummer. Die Belastung durch die Schule wird immer größer. Kurt empfindet immer intensiver den Druck, den Kupfer auf ihn ausübt. (Bsp. Als Kurt aus dem Gangfenster der Schule schaut, beobachtet er einen Kutscher, der versucht ein Pferd einzuspannen und fragt sich, warum das Pferd sich nicht wehrt.)
Der Zelter dient als sprachliches Motiv des Romans, das weiße Pferd als Symbol für die Ungebundenheit und Freiheit, das Pferd, das durch die Nacht, durch die Ewigkeit reitet, das erst im Tode ungebunden und frei sein wird. Kupfer wird versuchen, Kurt Gerber eine Strecke im Joch gehen zu lassen, ihn einzuspannen. Als Kurt auf den Druck Kupfers nicht reagiert, versucht letzterer seinem Schüler mit brutalen Methoden beizukommen. Aber Kurt weiß, Kupfer wird ihn nicht daran hindern können, jene Ungebundenheit und Freiheit, die ihm noch verwehrt wird, zu erlangen. Somit steht er für alle Unterdrückten und Schule kann durch Leben ersetzt werden.

7) Die Hyäne:

In der vorhergehenden Stunde hat Kupfer den Schüler Zasche auf Nichtgenügend geprüft und die Klasse überlegt, ob sie sich nicht zu einer gemeinsamen Aktion zusammenschließen solle. Doch alle wissen, dass sie ihren Plan nicht ausführen werden, und so verlaufen sie sich bald. In der nächsten Stunde prüft Kupfer wieder, und Gerber legt zwei positive Prüfungen in Mathe und Darstellender Geometrie ab. Torberg verwendet das Bild der Hyäne, die sich vor dem Bluthund verneigt, weil Gerber über die Prüfungsleiche Zasche, der eben voller Wut und Empörung über Kupfer ist, einen Rückzug macht. In der Nacht erwacht Kurt, sich selbst plötzlich fremd. Bilder und Gedanken werden aneinander gereiht. Die Handlung läuft in Kurts Bewusstsein ab. Satzfetzen und Einzelwörter wechseln mit Sätzen, seine Gedanken nehmen Gestalt an, er sieht die Hyäne und den Bluthund vor sich, aus ihnen werden Frauen, die sich in seinem Bett wälzen.

8) Die Reifeprüfung:

Im letzten Kapitel erlebt Kurt Gerber seine Reifeprüfung wie im Traum. Die Schilderung der Prüfungsatmosphäre wechselt mit den Gedanken Kurts. Kurt ist zur Matura zugelassen worden; er hofft, man werde ihn auch durchkommen lassen. An der Schwelle zum Leben wird aus der Reifeprüfung nach 8 Jahren Mittelschulstudium die Reifeprüfung an der Schwelle des Todes.
Einsam sitzt Gerber bei der Prüfungsvorbereitung und versucht, die Mathematikbeispiele zu lösen. Das erste Beispiel ist eine Zinseszinsrechnung: Sie wird zur Abrechnung mit dem eigenen Leben. Aus den Prüfungsfragen werden Symbole für Leben und Tod. Bei der Deutschmatura hat Kurt ein Gedicht Lenaus zu besprechen. Die letzte Strophe dieses Gedichtes handelt vom Tod. Durch dieses Gedicht wird in Kurt etwas ausgelöst, wogegen es keinen

Widerstand gibt. Etwas Ungeheures (der Selbstmord) bemächtigt sich seiner; dieses Gefühl ist nicht mehr unter Kontrolle zu bekommen.

9) Das Leben:
Vor Kurts Augen entsteht das Bild eine Amtsgebäudes. Vor dem Schalter steht eine Menschenschlange, in welcher Kurt sich befindet. Alle sind fast gleich angezogen, alle besitzen dieselben Voraussetzungen, alle bringen dem Schalterbeamten ihr Anliegen vor. Als die Reihe an Kurt kommt, fällt die Scheibe des Schalter vor ihm herab. Er wird weitergeschoben, und die Scheibe öffnet sich dem Nächsten. Kurt hört sich sprechen, versteht jedoch seine eigenen Worte nicht mehr. Dieses Beispiel für Schule = Leben = Reifeprüfung ist entscheidend dafür, dass Kurt sich am Schluss umbringen muss, weil er dem Leben =der Schule = der Reifeprüfung sein Anliegen nicht bemerkbar machen kann.

10)   Das Motto des Romans:
Die Welt beruhe auf drei Dingen: Wahrheit, Gerechtigkeit und Liebe.
a) Die Wahrheit: Kurt ist ein wahrheitsliebender Mensch, und doch wird er durch die äußeren Umstände gezwungen, seinen Vater, den er liebt und den er nicht beunruhigen will, zu belügen, indem er die Unterschrift des Vaters fälscht.
b)   Die Gerechtigkeit:
-   Kurts Gerechtigkeitsfanatismus gebietet es ihm, sich auf den Zweifrontenkrieg, einerseits gegen die kriecherischen Mitschüler, andererseits gegen den despotischen Lehrer, einzulassen. Der Sieg Kupfers ist von vornherein gewiss.
-   Was sind Schüler für Kupfer?
Schüler sind keine Individuen, sondern eine Masse. Wenn es nach Kupfer ginge, müssten alle Schüler gleich gekleidet sein (wie die Menschen vor der Milchglasscheibe am Schalter). So wird der Lehrer zum Eintrittskartenverkäufer für das Stück, das „Leben" heißt. Kupfer sät Neid und Missgunst zwischen die Schüler und spielt sie gegeneinander aus. Die Schüler sind Werkzeuge, mit denen er seine Machtvollkommenheit bestätigt. Welche Kategorien gibt es laut Gerber?
3. Erstens die reifen Schüler, zweitens die Streber (die offiziellen Lacher) und die unauffälligen. Gerber kämpft für sein Verbleiben in der Schule, obwohl es ihm im Grunde gleich ist. Der Kampf um die Gerechtigkeit wird ihm nur deshalb wichtig, weil seine Persönlichkeit angezweifelt wird, weil aus dem Menschen Kurt Gerber (aus dem Individuum), eine Katalognummer unter vielen gemacht werden soll. Hier klingt ein Grundthema n Torbergs Schaffen an: der Kampf des Individuums für seinen Individualismus, ein Kampf, den das Individuum in einer Welt der Vermassung notwendig verlieren muss, weil er auf einsamen Posten steht. Auch Kurt Gerber ist ein einsamer Mensch (vgl. die beiden ersten Sätze des Romans = einsames

unbemerktes Eintreten des Schülers). Und so einsam wie er die Klasse betritt, so einsam verlässt er das Leben und stürzt sich aus dem Gangfenster in den Tod.

- Das Scheitern von Kurts Gerechtigkeitssinn:
Kurts Gerechtigkeitssinn scheitert an der Angst, nicht zur Matura zugelassen zu werden. Er lernt mit den Vorzugsschülern, seine Leistungen bessern sich. Und doch ist es ihm schrecklich mit diesen Leuten in einem Atemzug genannt zu werden und sich auch noch darüber zu freuen. Kurt wird von den guten und von den schlechten Schülern gemieden, weil er für beide Teile ein Parvenu (Neukömmling) ist. Kurts Einsamkeit wird größer und, als einer der Klassenkameraden an einer Grippe stirbt und sein Tod keine Lücke hinterlässt, fragt sich Kurt wie es wohl wäre, wenn er stürbe, wer würde dann aufstehen und bekennen, mit ihm befreundet gewesen zu sein. (vgl. Hesse Szene nach Hindingers Begräbnis zwischen H's Vater und Lucius) Kupfer entscheidet als letzte Instanz über die Zulassung zur Matura. Da aber hat Gerber es aufgegeben sich zu wehren.

c) die Liebe:
Kurt liebt seine ehemalige Mitschülerin Lisa Berwald, die nach der siebten Klasse die Schule verlassen hat, um in einem Kunstgewerbeatelier zu arbeiten. Manchmal ist Lisa von der Ziellosigkeit und der Zwecklosigkeit des Daseins erfüllt (sie sieht keine Notwendigkeit zu denken und zu fühlen). Doch Lisa ist nur gedankenlos, nicht egoistisch. Kurt gegenüber hegt sie ein Gefühl der Mütterlichkeit, sodass beide aneinander vorbeilieben ohne es zu wissen. Andererseits enthält der Roman Szenen, die erotisch wirken. Doch Kurt und Lisa können mit dieser Erotik nichts anfangen.
Zum Schluss rechnet Gerber mit seiner Liebe ab („Zur Liebe kann man niemanden zwingen. Wahrheit als Grundfaktor ist hingegen unerlässlich".) So hat der Schüler Gerber absolviert. (wie es im ursprünglichen Titel hieß, was doppelsinnig ist) Absolvieren bedeutet im österreichischen, einen Lehrgang hinter sich bringen (man absolviert die Mittelschule oder das Gymnasium) und zwar durch erfolgreiches Bestehen der Matura, die aus dem Maturanten einen Absolventen macht. Kurt Gerber absolviert nicht unbedingt das Gymnasium, sondern da er Selbstmord begeht, das Leben.

11)   Worum geht es am Ende des Romans?
Es geht nicht mehr um die Schule, sondern um das Leben. Es geht nicht mehr um einen Lehrer, der sich anmaßt, Gott zu sein, und um einen wehrlosen Schüler namens Gerber. Es geht nicht mehr um die Prüfungen als Voraussetzung zur Zulassung zur Reifeprüfung, die alles abschließen soll, sondern um die Prüfungen, die dem Menschen in seinem Leben auferlegt werden und um einen Gott, der hoffentlich gütiger und gerechter ist als Gott Kupfer. Torberg schildert die seelischen Qualen Gerbers.

12) Welches Bild symbolisiert diese Qualen?
Das Bild eines Schiffbrüchigen auf einem kahlen Eiland. Der Mensch des 20.
Jahdt hat die geistige Ordnung verloren, auf der allein ein Leben sich begründen
lässt. Dieses Bild ist nicht neu (beim jungen Kleist taucht schon die Poésie du
naufrage). Der Mensch hat das Ziel seiner Reise aus den Augen verloren.

13) Welches Bild der Jugend will Torberg im Roman darstellen?
ein Bild der Mitteleuropäischen Nachkriegsjugend mit einer typischen Kulisse
und Erlebnissphäre (Schule), die nirgends Halt und Richtung zu schaffen weiß,
die eben untauglich ist gegen eine Macht zu kämpfen und eine Führerrolle zu
übernehmen. Durch den Selbstmord gehört Gerber teilweise zu der Jugend, es
sei denn dass man den Selbstmord als letzte Befreiung gegen diese despotische
Macht der Schule betrachtet.

14) Das Bild eines Helden im Roman:
Kurt Gerber ist kein Held, sondern ein Anti- Held, der seine Individualität zu
retten versucht und daran scheitert.

15) Die Beziehung des Menschen zu Gott:
Die Problematik der Beziehung vom Menschen zu Gott klingt bereits im
Roman an, in der Person von Gott Kupfer. Artur Kupfer macht sich selbst zum
Absoluten einer Ersatzreligion und eines Religionsersatzes. Die ängstliche
Masse der Schüler spielt dieses Spiel mit. Es wird ihnen ihre Unzulänglichkeit
ständig vor Augen geführt. Sie fühlen sich in der Gemeinschaft sicherer und
beruhigter (vgl. Frischmuth). Kurt Gerber bildet in dieser Gemeinschaft einen
Einzelfall, der seine Eigenständigkeit nicht aufgeben will, so dass er in seiner
Fremdartigkeit und Unformbarkeit von Klassenkameraden und Professoren
nicht akzeptiert wird. Deshalb scheitert Kurt an seinen Bemühungen und sieht
einen Ausweg nur im Selbstmord.

E) Verschiedenes:
1) Charakterisiere Gerber!
a) Von wo kommt sein Spitzname?
Der Spitzname Geri ist eine Abkürzung von Gerber und wird ab und zu
geschrieben Scheri. (Katalognummer 7)
b) Was hält man von Gerber?
Er sei der weitaus intelligenteste seiner Klasse wenn nicht der Schule. Er ist
talentiert aber frech. Andere finden, dass er ein schlechter Schüler ist, der
undiszipliniert ist.
c) Welches Problem hat Kurt am Schulanfang?
Er hat unwahrscheinlich Angst vor Gott Kupfer, weil Gott Kupfer ihm gedroht
hat in den Ferien davor. (kleinkriegen)
d) Welches Bild der Schule hat Gerber?

Er findet mit den Möglichkeiten, die ihm die Schule bietet kein Auslangen. Im Laufe des Romans verflucht er die Schule. Für ihn ist Schule nicht Leben (im Vergleich zu seinem Vater). Er würde sich nicht wegen der Schule ins Wasser oder in den Tod gehen. Das würde zwar für den schulischen Misserfolg passen, aber das würde ab absurdum führen.

e) Was ärgert Gerber an den Schülern?
Ihre Gleichgültigkeit und ihre Angst.

f) Wie verhält sich Gerber, wenn er eine Ungerechtigkeit bemerkt?
Er hegt Pläne, die zu einem Aufruhr, zu einer Wehr führen könnten, er hat aber keine Unterstützung von den Kollegen.

g) Wie fühlt sich Gerber in der Klasse?
Wegen Lisas Liebe wirkt er lächerlich, wegen seiner Leistungen wird er als schlechter Schüler bezeichnet, wenn er irgend etwas gegen den Druck unternehmen möchte, wird er isoliert, wenn er aber brilliert, wird er nicht hundertprozentig von den anderen (sowohl von den ganz guten als auch von den ganz schlechten angenommen).

h) Wie reagieren die Schüler bei Gerbers Hilfe?
Gerbers Hilfe wird nicht angenommen aus Angst, dass man ihm in Mathe helfen müsse.

2) Die Schularbeiten:
a) in Deutsch: bei Mattusch ist er ganz gut
b) Mathe: obwohl er einen eitrigen Knie hat, kommt er zur Schularbeit, weil er vor Gott Kupfer unwahrscheinlich Angst hat, er könne ihm Fangfragen stellen. Er steht in Mathe und Darstellender Geometrie auf Nichtgenügend.
c) Die Schularbeitsschildchen: Das sind Bögen, die ziemlich kalt und gefühllos wirken. vgl. mit heute keine persönlichen Schularbeitshefte.

3) Das Schwänzen:
Gerber hat oft geschwänzt. Er war schon oft außerhalb des Schulhauses während der Unterrichtszeit, wurde nie erwischt, erst von Gott Kupfer selbst.

4) Gerbers Situation in der Schule:
Da er 2 Nichtgenügend hat, bietet ihm sein Vater Nachhilfe an, was zuerst Gerber ablehnt. Nach diesen schlechten Noten bekommt Gerber bessere Noten. Diese guten Ergebnisse, dieses Aufwärtsgehen erschafft er mit Hilfe zweier Kollegen, der Vorzugsschüler Altschul und Novak, die sich des Durchfallskandidaten Gerber angenommen haben und mit ihm lernen. Es führt zu zwei Situationen: Er passt nicht mehr zu den schlechten Schülern, bei welchen er als Verräter gilt, und passt noch nicht zu den guten Schülern, bei welchen er als Parvenu gilt. Obwohl er sehr viel geleistet hat, bekommt er bei Gott Kupfer trotzdem seine 2 Nichtgenügend ins Zeugnis. Somit ist er vollkommen desinteressiert, gibt das Privatstudium auf, macht Faxen im Unterricht, imitiert Professoren und zeigt teilweise Unmotiviertheit. Seine

schlechte Stellung in der Schule bezüglich Kupfer macht ihm nichts zu schaffen hinsichtlich der Schule und der Schüler und der Professoren, sondern wegen seinem Vater, der Herzkrank ist.

5) Gerbers Meinung über die Lehrer:
Für Gerber sollten die Lehrer nicht mit einem Zensurieren /Bewerten eines Schülers befugt werden, weil sie einfach nicht über einen Menschen jegliches Urteil sprechen dürfen. Die Professoren, die über das Geeignet und Ungeeignetsein entscheiden, bekommen das Recht „verbrieft" von einer höheren Stelle und mit diesem Recht können sie „einmalig und unantastbar die Entscheidung fällen" über den guten oder schlechten Schüler. So hängt die Existenz jedes Schülers von einem oder mehreren Professoren ab. Da es nicht erlaubt ist nach Belieben Professorenkollegien auszuwechseln und umzubilden, bleibt nur noch den Schülern das Recht über sich zu fügen und die Beurteilung anzunehmen. (Unantastbare Autorität) Aber das Menschliche wird nicht berücksichtigt. Oft hängt ein Durchfallen von einer Lappalie ab (z.B. man hat eine Formel vergessen oder eine Jahreszahl verwechselt), oft auch von einer gefühllosen Durchführung einer Prüfung (z.B. Herr Professor, Beamter der soundsovielten Gehaltsklasse gegen Gerber Kurt Schüler mit soundsovielter Katalognummer). Gerber bezeichnet die Lehrer als „Zensurproleten".

6) Gerber als Märtyrer:
Da die Klasse eine Arena ist und die Schüler Gladiatoren sind, denkt Gerber, dass jeder Schüler ein Märtyrer seiner Gesinnung ist.

7) Das Verhältnis Gerber – Kupfer:
a) Am Anfang steht, dass Kupfer den Gruß von Gerber nicht erwidert (Hochmut und Stolz des Lehrers). Später heißt es, dass er niemals zurückgrüßt. Somit ist diese Nichterwiderung des Grußes nicht der erste negative Kontakt zwischen Kupfer und Gerber.
b) Kupfer sagt G's Vater, er würde seinen Sohn kleinkriegen. Das ist immer noch nicht der erste Kontakt zwischen G und K, weil man nicht weiß, ob K KV von G wird.
c) Der erste Kontakt kommt vor in der ersten Stunde des ersten Tages, als K die lachenden als intelligente bezeichnet und dabei lacht, und als G auch mitlacht. (als zählte er zu den intelligenten) Da wird der Kampf durch K angesagt mit der Drohung G könne bald weinen. Der Zweikampf hat angefangen. K freut sich auf G, wie ein Kind auf ein neues Spielzeug, das er bald ruinieren kann.
d) Am zweiten Tag, bei einem Gespräch mit seinem Vater, wird von ihm Gerber klargemacht, dass K ihn zur Strecke bringen will und dass er einen entschiedenen Kampf aufgenommen hat, dass er ihn quälen und auf ihm herumreiten wird.
e) Die Reaktionen K's auf die „Provokationen" G's:

als K G auf der Straße erwischt, weiß er, dass er ihn in seiner Macht hat.

als K G beim Schwindeln ertappt, zeigt er seinen Sadismus.

als K G 2 Nichtgenügend (trotz Gerbers besserer Ergebnisse) gibt, zeigt er seine maßlose Ungerechtigkeit und seine Hartnäckigkeit.

als K G's Mutter hinauskomplementiert zeigt er seine Herzlosigkeit, da er ahnen kann, er könnte Gerbers Vater damit umbringen.

als K G bei der Matura zuvorkommt (indem er unmittelbar, bevor Gerber zu sprechen beginnt, die richtigen Antworten ausspricht), zeigt er, dass er G vor der ganzen Kommission diskreditieren und zu Fall bringen will.

) Bei der SA und bei den Prüfungen:

Das Verhältnis basiert auf Kampf. Alle Tricks sind dem Lehrer erlaubt, um dem Schüler zu imponieren und zu ruinieren. Gerber hat Gefühle der Angst, des Ekels und einer gewissen Leere bei schriftlichen oder mündlichen Arbeiten. Ein einziges Mal kann er eine Niederlage Kupfers verbuchen (mit der zweiten Androhung einer Karzerstrafe, die nicht zustande kommt).

) Die Person Kupfer:

st der KV; genannt Gott Kupfer, weil er ständig seine Unfehlbarkeit betont. es teht aber Gott mit beschränkter Haftung, weil er nicht überall Gott ist, nur in der Schule.

) Beschreibung:

tahlblaue Augen, scharfe Stimme, war im WK Hauptmann, liebt Selbstverherrlichungen, Wichtigtuerei und Eitelkeit; da er unfehlbar ist, kann man ihn nicht beschwindeln; er kennt keine Gnaden und verlangt von den Schülern Fleiß und guten Willen; er repräsentiert die Autorität ; äußert Sprüche aus (z.B. Hauptmann Kupfer sieht alles, hört alles, weiß alles); er flößt seinen Schülern Angst ein; er hasst alle Menschen vor allem Kurt Gerber, handelt wie ein Gott (Bsp. er befahl und es wurde gehorcht, er rief und es wurde geantwortet, er sprach: es werde Ruhe und es ward Ruhe); er sucht sich Opfer aus („Wie ein Gourmet das Schmackhafteste vom Wildprett"); er ist sich seines Sieges sicher, veranstaltet mit seinen Prüfungen Vernichtungsaktionen, egal ob die Opfer männlich oder weiblich sind; er handelt wie ein Tyrann;

) schwache Seite:

Er hat Angst vor dem Abbruch seiner Machtvollkommenheit und muss durch Verbote vorbeugen.

) Er war unbestechlich und alle waren vor ihm gleich. Er duldete keine Vorrechte, auch die Vorrechte der Gesellschaft, somit war er oft von seinen Kollegen bewundert. Er spielt die Schüler gegeneinander aus, sät Neid und Missgunst zwischen den Schülern, damit keine Einheit entstehe und kein Aufruhr daraus keime. Aus den Schülern macht er Werkzeuge seines Rachegefühles mit ihnen an ihnen. (vgl. Unrat) Er stellt keine Überlegungen her über seine Rolle und seine Aufgabe als Lehrer (vgl. Unrat).

) Was hat er geschrieben ?

Ein Lehr- und Aufgabenbuch der Darstellenden Geometrie in 4 Teilen: das ist
- sein Stolz.

e) Die Wohnung:
keine eigene; wohnt bei einer verwitweten Freifrau / Adeligen in einer für ihn
sehr kostspieligen Wohnung, die er nur dadurch bezahlen kann, dass er durch
Erbschaft wohlhabend und Junggeselle geblieben ist.

f) Wie sieht sein Arbeitszimmer aus?
Sehr einfach. (ein Tisch, Sofa, Schrank, Schreibtisch und Bibliothek mit
Klassikern, Franzosen, Schopenauer und Modernen) Verglichen mit den anderen
zwei Zimmern, die dem adeligen Stil der Freifrau entsprechen, ist sein
Arbeitszimmer eine Welt für sich.

g) Kupfers Ideal:
Er ist gegen die Starrheit und die Langweile der Schule und der Schüler. So
genießt er in seiner Wohnung eine gewisse Unordnung / Unwirtschaft /
Schlamperei, da er ein Bohémien sein wollte.
Er möchte als Artur Maria Freiherr von Kupfer irgendwo in Pommern zur Welt
gekommen sein und nicht als Sohn eines ehrsamen Provinzlers in Mährisch –
Trübau.

h) Kupfers Erinnerungen:
Sie kleben an vier Photos: eine Standphotographie von ihm in nachdenklicher
Pose, eine in Uniform, eine im Reitkostüm zu Pferd und eine im Tennisdress;

i) Kupfers Liebesleben:
Eine wirkliche Liebe hatte er nie gehabt. Er hatte Gelegenheitsaffairen mit
zweideutigen Mädchen und mit abnormen Spielen.

j) Kupfers Sprache:
Sie ist direkt, scharf, präzis, überkorrekt.

k) Kupfer und die Schüler:
- er sorgt für Überraschungen: er kann z.B. einen guten Schüler auf
  Nichtgenügend prüfen.
- er kann aus einem Schüler einen Handlanger machen (siehe Matura Gerbers),
  indem er dem Schüler kurz davor alles hersagt.
- er ist ein Kretin in den Augen vieler Schüler, nur ein Prof. und nicht ein
  Doktor, ein Sadist (er macht Sadistenpausen von mehr als 15 Sekunden
  Pause);
- er verwendet gemeine Tricks (wie z.B. bei der Mathe SA, als er Gerber beim
  Schwindeln erwischt, indem er in eine Zeitung kreisrunde Löcher geschnitten
  hat.)
- er kennt keine Milde mit den Schülern (Bsp. Zasche: obwohl der Schüler
  sehr lange ganz gute Antworten gegeben hat, prüft er ihn bis es nichts mehr
  weiß und gibt ihm ein Nichtgenügend, weil er das eben wollte; er lässt die
  Mutter Gerbers bangen um die Gesundheit ihres Mannes, indem er von ihm
  und nicht von ihr die Unterschrift verlangt.)
- er hat seine Grenzen, das ist die Schule. Draußen kann er niemandem
  imponieren, weil er den Leuten kein Gott ist.

- er ist für die Schüler eine Hyäne, ein Bluthund etc.
- er versetzt die Schüler am Anfang jeder Stunde in ein ungutes Schuldgefühl und vor jeder Arbeit in eine panische Angst, was sich durch Nervosität oder Grobheit, Ängstlichkeit unter den Schülern ausdrückt.

9) Die Verfehlungen Gerbers / falsche Haltungen:
wenig schlimmen: am zweiten Tag hat er immer noch kein Heft und kein Lehrbehelf mit; er zeigt nie auf; er kann nicht aufmerksam sein (schreibt Briefe, liest Bücher etc.)
schlimmere: er zettelt Aufruhr, Revolution an, aber ohne Erfolg, raucht im Klo
schlimme: er fälscht die Unterschrift des Vaters; er schwänzt gern , schwindelt bei der SA; lügt Leute an

10) Das Verhältnis zwischen Gerber und seinen Eltern:
ist nicht gerade gut; er folgt seinem Vater nicht (z.B. als sein Vater für ihn eine neue Schule empfiehlt oder Nachhilfe); er weiß um die Liebe seiner Mutter zu ihm, will die aber, doch ohne Erfolg, ignorieren. Er anerkennt aber die Nachricht seiner Eltern, die ihm kurz vor der Matura alles Gute wünschen.

11) Die Auswirkungen der Schule auf Gerbers Eltern:
Sowohl Vater als auch Mutter sind verängstigt. Nicht nur durch die Schule, sondern vor allem durch Kupfers Worte. Als es aber Gerber schlecht geht, treten sie beide (zu verschiedenen Zeitpunkten) für ihren Sohn ein und erbetteln die (unmögliche) Milde Kupfers.

12) Die Strafen:
- bei Verfehlungen werden die Schüler eingetragen
- ein Schüler wird sogar georfeigt
- die Karzerstrafe (vgl. Törless) , die einer Disziplinarkonferenz folgt. Wenn man unerlaubt das Schulgebäude verlässt, wenn man vor einem Lehrer raucht und wenn man einen Lehrer anlügt. Wenn man eine zweite Karzerstrafe bekommt, dann wird man der Schule verwiesen.

13) Das Klassenleben:
a) Das Klassenbild:
Es sind 32 Oktavaner; 26 männliche und 6 weibliche; vorwiegend eine Bubenklasse; Im Roman wird uns ein Klassenbild gegeben.
b) die Gepflogenheiten:
Die Schüler stehen beim Ein – und Austreten des Lehrers. Eine Ruhe tritt erst ein, wenn ein Prof. die Tür öffnet. Wenn ein Schüler den Prof. nicht begrüßt oder in seine Anwesenheit raucht, wird er bestraft.
c)die Kategorien von Schülern:

erste Kategorien: die Streber / Lacher: sie haben alles bei sich. Das sind Vorzugsschüler, protegierte Schüler, am häufigsten Mädchen; die Arschkriecher für Gerber
zweite Kategorie: die Unbemerkten: sie schwindeln gern bei Prüfungen und lassen nicht viel von sich hören. die Unschlüssigen (für Gerber)
die schlechten Schüler (zu Tode Verurteilten für Gerber)
d) Schülerverhalten:
- Sie schreiben voneinander ab im Unterricht; sie können gemein, aber freundlich sein, mitleidend, aber auch gefühllos, hilfreich/ großzügig aber auch egozentrisch /egoistisch gesinnt sein, lustig aber auch ernst, zynisch aber auch ehrlich je nach Kategorie; (ein normales Bild des Schülerverhaltens)
- abnormales Verhalten der Schüler: eindeutig bei Kupfer. Sie müssen ducken, verhalten sich unnatürlich, wollen unbedingt das Interesse und die Milde Kupfers auf sich lenken.
- In der Maturaklasse ist das Verhalten der Schüler anders als in den anderen Stufen. Eine Anstrengung wird von ihnen verlangt. Vor den Prüfungen ziehen sich die Schüler eher zurück und verweigern Auskünfte. Eine immer größer werdende Angst breitet sich aus, je näher die Matura kommt.
e) Schülerrechte:
Sie dürfen rauchen vor dem Schulhaus, obwohl das laut Schulordnung auch für sie im Umkreis des Schulgebäudes verboten war, im Winter rauchen sie auf dem Klo, was aber verboten ist.
f) Schülerbild:
Sie sind vor allem für Kupfer wie eine Beute, wie Knechte. Sie haben keine Vorrechte und für Kupfer können sie nicht intelligent sein. (vgl. Unrat) Sie können mitfühlend sein, aber sie erreichen niemals eine eindeutige Einheit um gegen einen Lehrer etwas zu unternehmen.

14) Der Direktor:
kommt kaum vor; nur einmal und da steht er hinter den Lehrern;

15) Das Gebäude der Schüler:
es kommt kaum vor, man spricht nur von einem Physiksaal.

16) Die Institution Schule:
Es ist eine gemischte Schule mit Buben und Mädchen. Sie bietet ein normales Bild (z.B. Klassenzimmer hat ein Katheder und ein Ofen). Am zweiten Tag gibt es kein Stundenplan. Wenn man bei der Schularbeit fehlt, gibt es eine Nachtragsprüfung. Es gibt nettere und weniger nette Lehrer, Lehrer die Disziplin haben oder keine, Fächer voraus man fliehen kann (Turnen) oder nicht. Die Bücher eines Jahrganges werden dem unteren Jahrgang verkauft.

17) Das Maturajahr und die Matura:

Es gibt einen Halbjahresausweis, eine Zensurkonferenz, ein Abschlusszeugnis und die Matura. Die Schüler werden mit blauen Briefen gemahnt, nachdem sie negative schriftliche Prüfungsarbeiten geschrieben haben, aber erst aufgrund der Abschlusszeugnisse wird über die Zulassung zur eigentlichen Matura (zu mündlichen Prüfungen) entschieden. Am schwarzen Brett hängt für die Maturanten ein gestempelter Bogen mit Unterschriften des KVs und des Vorsitzenden, des Direktors mit den Namen der Abiturienten, also denjenigen, die zur Matura zugelassen werden. (4 fehlen) Auf diesem Bogen steht die Reihenfolge der Prüfungen. Ungerechtigkeit: die Mädchen sind alle zuerst dran. Die Schüler dürfen bei den mündlichen Prüfungen teilnehmen.
Die mündliche Matura besteht aus einer Kommission und alle dürfen Fragen stellen. Es gibt Lehrer, die aufpassen, und welche, die sich mit etwas anderem beschäftigen, manche sagen ein.
Bei der mündlichen Matura sind die Fragen Gerbers nicht schwer. In Mathe versagt er, in Deutsch liefert er eine gute Leistung und in Geo und Geschichte erlebt er eine Gemeinheit. Er glaubt durchgefallen zu sein, ist aber durchgekommen. Die Prozedur der Matura: es gibt Vorzüge, es gibt eine Stimmeinheit, wenn alle Professoren für das Durchkommen sind und seine Stimmmehrheit, wenn eine Mehrheit der Professoren für das Durchkommen sind.

18)   Die anderen Lehrer:
-   Der Deutschprofessor Franz Mattusch: genannt Asso; für also und Nichwa für nicht wahr; = seine Lieblingsworte; = nett; niemals einen Schüler ins Klassenbuch eingetragen oder vor eine Konferenz gebracht oder durchfallen lassen; er galt als ungefährlich; bei der Matura: er entspricht seinem Bild
-   ·Prochaska: Geographie- und Geschichtelehrer: seine letzte Klasse; ein Jahr vor der Pension; gibt den Schülern den Stoff bekannt. er legt aber bei der Matura Gerber hinein, indem er ihm andere Themen gibt.   \
-   Prof. Filip: ein junger, wohlhabender Mensch, der ein Lehrer der außerhalb der Norm steht , ist; er unterrichtet Individualpsychologie, Propädeutik, Logik und Chemie; er spricht über alle, nur wenig über seine Fächer. Er achtet nicht auf die Sitzordnung, duzt die Schüler; er gilt als Kamerad, von Mädchen angetan (moderner Lehrer!)
-   Borchert: Französischlehrer (Pfui!), ein kleines schusseliges Männchen, von sich eingenommen, launisch, unzurechnungsfähig und somit gefährlich; er kann über Leute böse Witze erzählen; Watsche??
-   Hussak: Physiklehrer; netter Mensch; versucht Gerber zu verstehen und ihn zu beraten;

19)   Verhältnis Kurt – Lisa:
Lisa behandelt Kurt wie eine Mutter und verhält sich ihm gegenüber ziemlich leichtsinnig. Ihre Schönheit und ihre Reize imponieren Gerber so, dass er eher von ihrer Erscheinung gelähmt ist. Jedes Mal, wenn er zusammen mit ihr ist,

empfindet er zweierlei: erstens Scham und Angst, zweitens Wut und Enttäuschung. Das Verhältnis geht vom Händchenhalten bis zum Kuss, aber nicht bis zum Geschlechtsakt. Lisa wird mit Straßenmädchen verglichen und sie hebt sich ab in den Augen Gerbers von dem niedrigen Bild der körperlichen Liebe zu einem unerreichbaren Idealbild, wobei ihre vielen Affairen von Gerber auch als Hurerei bezeichnet werden. Sie wird die für Gerber immer wieder als platonische Liebe bleiben. Sie gilt im Roman als Ausgleich für die schlechten Erfahrungen Gerbers in der Schule. Sie kann ihm aber keine Hilfe sein, weil sie die moralischen und intellektuellen Fähigkeiten nicht besitzt.
Das Verhältnis Kurt- Lisa wird mit dem Verhältnis Gerber – Kupfer in Zusammenhang gebracht. Beide Verhältnisse sind inneinander als Zeichen des Erfolglosen, Unerträglichen vermischt.

20)   Bendas Tod:
(vgl. Hindinger) er hat auch keinen Freund; er ist plötzlich gestorben; sein Tod hinterlässt keine Lücke, nur bei Gerber das Gefühl der Leere, der Kälte, der Gefühllosigkeit.

21)   Gerber's Tod:
Bevor Gerber Selbstmord begeht, fällt beim Professorenkollegium das „Unbestimmbare – das Leben" durch, weil das Leben nichts von Wahrheit, von Gerechtigkeit und Liebe weiß, deshalb muss Gerber sterben, weil er nicht mehr leben kann.

Der Schüler Gerber hat absolviert

Im Jahr der Reifeprüfung, 1928, fasste Torberg den Entschluss, seinen Roman „Der Schüler Gerber hat absolviert" zu schreiben, da sich in ihm so viel Zorn und Empörung gegen das verhasste Schulsystem, gegen die Ungerechtigkeiten der Lehrer und die Unterwürfigkeit der Schüler angestaut hat. Es lag also noch keine Distanz zwischen ihm und der Schule. Die erzählte Zeit des Romans reicht vom ersten Schultag in der achten Klasse bis zum Tag der mündlichen Matura. Kurt Gerber wird in seinem Verhältnis zu den Professoren, besonders zum Mathematikprofessor Kupfer, zu den Mitschülern, zu seinen Eltern und zur früheren Klassenkameradin Lisa Berwald gezeigt.

Der Schüler Gerber gerät nach mehreren Seiten hin in eine Kampfstellung. Er steht in Opposition zu seinem Vater, den er liebt und respektiert, der ein Verfechter der bürgerlichen Konventionen ist, für den eine bestandene Matura und ein akademischer Grad die Voraussetzungen für das gesellschaftliche Fortkommen darstellen. Torberg schildert den Druck, den das Elternhaus auf den Jugendlichen ausübt. Auch in der Beziehung zu Lisa Berwald sieht er sich an konventionelle Einengungen stoßen. Doch den eigentlichen Zweifrontenkrieg führt er gegen die Schule, gegen die Selbstherrlichkeit der Professoren, gegen ihre Willkür und Ungerechtigkeit, aber auch gegen die Mitschüler, die Kriecher und Streber, die lieber mit den Professoren gemeinsame Sache machen als mit den Kameraden und die auf jede Gegenwehr und Solidarität verzichten.

Torberg teilt seinen Roman in zwölf Kapitel ein und gliedert die Handlung somit in geschlossene Erzählphasen. Im ersten Kapitel schildert er den Mathematikprofessor Artur Kupfer, der von den Schülern „Gott Kupfer" genannt wird. Er freut sich auf das Ende der Ferien und besonders darauf, den Schüler Kurt Gerber zu ruinieren. Bis zu den Weihnachtsferien verhält sich Kurt ziemlich sorglos. Doch mit der Zeit wird die Belastung durch die Schule immer größer und er empfindet den Druck, den Kupfer auf ihn auswirkt,immer stärker. Er kämpft für sein Verbleiben in der Schule, weil seine Persönlichkeit angezweifelt wird und er zu einer Katalognummer gemacht werden soll. Auch die Liebe zu Lisa enttäuscht ihn. Er fühlt, dass sie aneinander vorbei lieben. Im letzten Kapitel erlebt Kurt seine Reifeprüfung wie im Traum. Während Kurt auf die Verkündigung der Prüfungsergebnisse wartet, läuft in ihm eine phantastische Fiebervision ab, in der das Leben vor ihm zur Reifeprüfung antritt und durchfällt.

Sein Selbstmord stellt sich nachträglich als unbegründet heraus. Torberg fügt epilogisch eine Zeitungsnotiz an, aus der hervorgeht, dass der Schüler die Reifeprüfung bestanden hat.

Friedrich Torberg

Friedrich Torberg wird am 16. September 1908 in Wien als Friedrich Ephraim Kantor geboren. Ende 1921 zieht seine Familie, die dem jüdischen Bürgertum angehört, nach Prag, wo das alte Schulsystem der untergegangenen Monarchie, mit dem Friedrich bald in Konflikt gerät, noch herrscht. Er fiel 1927 bei der Matura durch und besteht sie erst ein Jahr danach knapp. Schon in seiner Gymnasialzeit verfasst er eine Reihe von Gedichten und arbeitet bereits an seinem Roman „Der Schüler Gerber hat absolviert" , welcher 1930 abgeschlossen wird. Nach dem Erfolg seines Erstlingsromans gelingt ihm die Aufnahme in den „Herrenhof"- wo bekannte Literaten und Theaterkritiker sich treffen. Außerdem schreibt er für das „Prager Tagblatt", „Die Weltbühne" und „Die neue Rundschau".

1932 erscheint sein zweiter Roman „...und glauben, es wäre die Liebe". Nach der Machtergreifung Hitlers veröffentlicht Torberg mehrere politische Schriften, in denen er sich gegen den Nationalsozialismus wendet und er glaubt, dass für den jüdischen Schriftsteller die Verpflichtung zum Protest selbstverständlich sein müsse, weswegen seine Werke im Deutschen Reich auch verboten werden. Torberg betätigt sich auch als Sportler. Seine Erfahrungen diesbezüglich finden im Sportroman „Die Mannschaft" ihren Niederschlag. Nach dem Anschluss Österreichs an Hitlerdeutschland emigriert der Schriftsteller in die Schweiz und meldet sich bei Kriegsausbruch freiwillig zur Exilarmee in Frankreich. Später muss er dann von Frankreich über Spanien nach Portugal fliehen. Mit einer Gruppe von „Ten Outstanding Anti-Nazi-Writers" (Döblin, Mann, Werfel etc.) kommt er dann nach Hollywood. Erst nach fünf Jahren kann er nach New York übersiedeln. In Amerika entsteht eine Vielzahl von Gedichten und die Novelle „Mein ist die Rache". Außerdem wirkt Torberg am Drehbuch für „Voice in the Wind" mit. In New York entstehen die Romane „Hier bin ich, mein Vater" und „Die zweite Begegnung". 1951 kehrt der Schriftsteller nach Europa zurück und arbeitet beim Sender „Rot-Weiß-Rot" und beim Kurier mit, ist vor allem als Theaterkritiker tätig und zählt zu den bekanntesten Mitbegründern der Zeitschrift „Forum". Erst in den sechziger Jahren schreibt er die Erzählung „Golems Wiederkehr". Die beiden letzten Bücher Torbergs sind „Die Tante Jolesch" und „Die Erben der Tante Jolesch". Der Autor stirbt Ende 1979.